El abc

de mi vida

(manual de supervivencia)

A la vida, mi gran compañera de batallas silenciosas

A mi esposo, a mis hijos, a mi familia

A mis nietos que recogerán los frutos de mis semillas

A mis pocos amigos que se reconocen sin tener que nombrarlos.

A mis seguidores que son muchos y que buscan en mis reflexiones paz interior o entendimiento de su realidad, gracias por ese privilegio.

A manera de prólogo

El abc de mi vida puede parecer sencillo, pero realmente no lo es, soy una persona libre en pensamientos y sin ataduras dañinas al espíritu. Soy tolerante, pero perseguidora de la injusticia. Paso barreras que puedan detener mis intenciones sin límite, pero también tengo arraigo por algunos conceptos tradicionales.

Vivir con la necesidad y deseo ferviente de sobrevivir al día que viene, a esas 24 horas que ya tienes delante, es un buen punto de partida y me agradaría que revises tu posición diaria en una comparativa.

Todos tenemos metas voluntariamente impuestas por cumplir, y a veces no alcanza la medida estándar de tiempo para desarrollar las proyecciones. Esa falta inmediata se aligera asumiendo lo infinito de la naturaleza de la vida. Solo así podemos asumir gran volumen de actividades sin sufrir un desgaste inmediato.

Siempre digo que hay que ser paciente, saber manejar los pensamientos. La angustia retrasa el crecimiento de nuevas emociones, además de ser negativo para nuestro sistema inmunológico. Recuerden lo vital que resulta incorporar en nuestro haber las palabras "sistema inmunológico". No es pura frase, es la esencia de nuestra salud y equilibrio, por eso su importancia.

No se puede vivir por vivir, ajenos a conceptos esenciales, sobre todo a la espiritualidad y el maravilloso mundo angelical que nos protege.

Hay que estar dispuesto, hay que saborear cada segundo, conocer nuestras debilidades, nuestros temores, nuestro potencial, para eso, todos deben descubrir *su abc,* ese conocimiento le permite disfrutar de las ventajas internas, saber cómo y quienes somos, no quien queremos ser, son dos cosas diferentes y nos permite lanzarnos a la vida con independencia y seguridad.

El abc es el conocimiento de nuestro cuerpo, nuestra vida, nuestra realidad, nuestro "yo", de hasta dónde somos capaces de llegar en la vida por lograr las cosas que deseamos. Todo esto dividido en dos vertientes: Conocimiento del cuerpo y conocimiento de nuestra espiritualidad.

Con este breve libro, que es el comienzo de una serie de tres, unos se sentirán identificados, otros confrontados, algunos me juzgarán, como siempre pasa, pero no soy perfecta, está bien, la inconformidad es parte de la elección.

Asumo obviamente y en su totalidad, que cualquier lector se proyecte y lo acepto con el mismo respeto con el que comparto el *abc de mi vida* al mundo.

Elemento contundente y reiterativo

Desde mi juventud he dado múltiples vueltas por el mundo, tengo un pasaporte muy marcado por tantas entradas y salidas. He querido conocer en carne propia diferentes teorías acerca de la supervivencia, las religiones, los credos, el cómo tratar a las personas, en el desenvolvimiento del ser humano, según su entorno y manera de ver la vida.

Cada país, es un mundo aparte, sus habitantes cambian enérgicamente basados en sus tradiciones, consistencias sociales, económicas y religiosas. Aunque el mundo es de todos, la desigualdad encontrada en el camino nos hace notar las necesidades y problemas por los que gran parte de "ese bello mundo" sufre: La pobreza, el hambre, el racismo, la contaminación entre muchas otras. Es vergonzoso y esas son las cosas que si deprimen pues se sale de la mano del hombre de a pie. Para desgracia los gobiernos y

autoridades internacionales tienen una ceguera inducida convirtiendo este bello planeta en un "cuerpo enfermo" que necesita urgentemente una quimioterapia de amor. Mientras unos disfrutan de grandes riquezas otros no tienen ni agua potable, ni que llevarse a la boca, siendo sus países de origen ricos en oro, diamantes y petróleo.

Bueno, creo que me estoy saliendo del tema a tratar en este libro y que es más intimista, el recorrido por diferentes lugares me ha servido de aprendizaje, observando, las múltiples formas para poder asistir al prójimo en un entorno más localizado, sin tener preponderantes recursos económicos, la importancia de unir a la comunidad en causas nobles, conocidas a la vista de todos, pero que no son incluyentes en la mentalidad humana.

Por ejemplo: *Hay personas sufriendo de cáncer,* vemos las campañas para recaudar "x", pero a veces se prefiere mirar hacia otro lado, por el temor que encierra esa palabra, "CANCER", sinónimo de gente enferma, caótica, en decadencia, lista para morir. Entonces, algunos marcan una distancia, y hacen tal vez una donación para que su conciencia quede tranquila, pero bien de lejitos y si pueden por correo.

Es triste, muy triste, sabiendo además que esa enfermedad es una situación real, el cáncer está ahí y puede tocar la puerta de cualquiera sin distinción de raza, edad, sexo o de cuan rico o pobre seamos. No podemos obviar la posibilidad, como mismo hay otras cosas que afectan nuestras vidas, de poco a desastrosamente, divorcios, accidentes fatales, pérdidas irremediables, etc.

Estamos en este mundo con sus perfecciones e imperfecciones, por eso debemos ser parte activa de la realidad, para entender mejor como va nuestro hogar o nuestro YO.

Tal vez usted desconoce la cantidad de niños que se encuentran actualmente en orfanatos (o casas hogar como pretenden decirle actualmente para disminuir la aseveración de la palabra), en ciudades tan prósperas como Miami.

En un solo condado supera los 5800 niños albergados, y esos pequeños de diferentes edades, necesitan del resto de la comunidad, *NO SÓLO* del estado que los protege y los ha sacado de la vida miserable o en desgracia que le dieron sus progenitores. Aunque han sido "rescatados", no hay nada más traumático que vivir en una casa hogar, con otros niños de diferentes edades, diferentes pensamientos, diferente idiosincrasia, donde todo es posible, la tristeza, el desamparo, el bullying y miles de cosas más.

Todos esos niños viven los días sabiendo que han sido abandonados, qué tal vez nunca más verán a sus parientes o con muchos recuerdos negativos. Muchos de ellos han sido violados, maltratados, testigos o víctimas de la violencia doméstica, otros han visto morir a sus padres en un tiroteo, y tantas otras razones.

Pero de eso no se habla en los canales de televisión amarillistas, nadie se ocupa de replantear a la comunidad la necesidad de una integración. Y se necesitan muchas casas temporales para que estos niños puedan estar un poquito mejor dentro de su desgracia. Pongo este ejemplo y tengo muchos más que ustedes pueden quedar perplejos.

Siempre podemos hacer la diferencia, aunque parezca muy difícil, vivimos en un mundo convulso. Usted puede aportar contribuyendo con su voluntariado, símbolo de amor y ternura, comprando cosas que ellos necesitan, pero sobre todo señores dando un poquito de amor.

El amor es tan necesario para poder sobrevivir, es la fuerza que debería mover al universo, universo que hoy día se mueve por la tecnología.

Pueden ver que están masacrando a una persona y lo único que hacen es grabar con su celular y postearlo en las redes sociales, algo denigrante, donde la persona no ayuda al prójimo, sino que coge esa imagen grabada para adquirir popularidad, ¿increíble verdad?, pues así se vive en este momento, el amor ha quedado relegado.

Hay mucho más en lo cual debemos involucrarnos y tiene que ver con el amor que pueden connotar nuestras acciones. ***El amor es la fuerza auténtica que alimenta el alma, que nos permite seguir adelante, que nos une.***

En esta ardua trayectoria - aprendizaje, hay un elemento contundente reiterativo que nunca ha faltado, en esa búsqueda y en ese encuentro: **la fe** siempre ha estado presente, y la creencia en Dios Todopoderoso que rige el mundo y la vida de todos nosotros. También he encontrado los que no creen en Dios, y que mueven su vida de una manera errática, según mi criterio. Ellos, los que no creen en Dios, no entienden o no desean entender este hecho, pues pretenden vivir en una forma sin límites, sin respeto, sin regulaciones, ajenos.

Yo por mi parte, crecí sin religión, en la base de un sistema totalmente comunista, socialista, donde esas tendencias regulan el resto de la vida y podían ser oprimidos por ello, crecí con una pañoleta alegórica, primero a la bandera de mi país y luego tenía mucho más que ver con los rusos que con los cubanos.

En el camino adopté mi propia filosofía de la vida, mis creencias, seguí exhaustivamente mis tendencias espirituales, desarrolladas desde niña, muy fuertes tendencias, conversación casi a diario con espíritus, y por supuesto creyendo fehacientemente que existe un poder supremo que pertenece a Dios, como usted quiera que le llame, solo hay un Dios. Él está presente en cada uno de nuestros movimientos, y pobre de aquellos que están ajenos o que no creen en su existencia.

Pobre de todos aquellos que por no ver no sienten y no creen. Yo tenido pruebas fuertísimas que han cambiado mi destino.

Avancé dando tumbos por la vida, golpes irreparables, ignorancia injustificada de la propia vida, y repito la palabra *vida*, con conocimiento de causa, porque ha dolido mucho llegar hasta donde estoy hoy, lo digo sin pena, sin rencor, sin miedo a la burla o a la censura.

Ha sido difícil el camino, y por eso en este momento puedo ser capaz de escribir este libro. He superado muchas pruebas, y nunca me dijeron que algo de esto sucedería y cómo podría solucionar alguno de los problemas que encontré en el camino. Todo ha sido muy complicado.

No sé si pueden entender lo que estoy tratando de decir, *yo hubiera dado cualquier cosa, porque alguien me hubiera hablado de la vida,* que mis seres queridos me contaran sus experiencias y no haberme tenido hasta los 17 años en una urna de cristal, para la protección divina, cuando la *vida* hay que vivirla obviamente, aunque no tengamos un manual de instrucciones.

La *vida,* sigo repitiendo la palabra en este párrafo muchísimas veces, es la protagonista de toda esta historia. Estoy tratando de que me puedan leer todos aquellos que, como yo, en una juventud desvalida, no tuvimos un punto de referencia. Que nunca vi más allá de mi nariz lo que pasaba del otro lado del mundo, que me casé virgen a los 17 años, y tantísimas otras cosas que para que contar.

Adopté la teoría de la fuerza inmensa que tiene la suavidad en todas mis acciones y proyectos. Si, descubrí después de tanto padecer y de ser incomprendida, por casualidad, el poder de la suavidad, y luego, lo confirmé buscando información, mientras más suaves y tiernas son nuestras palabras, mayor efecto positivo producirán en quienes las escuchan. También que toda acción tiene un aspecto negativo y cierto aspecto positivo en sí misma, solo hay que encontrar esa correlación para entenderlo, pero hay que ser parte de un proceso de observación, en aras de encontrar esa dualidad de criterios en una misma acción.

Estoy segura nuestras palabras son como un búmeran que retornarán a nosotros, por eso hay que cuidarlas y usarlas en el momento preciso.

No tolero los extremos y hablo desde mi experiencia de *vida*, no pertenezco ni voy a ninguna iglesia, he desarrollado mi creencia a partir de la necesidad de comunicación con la fuerza superior desde mi estatus, en cualquier lugar, en cualquier momento o situación, usted también puede, solo debe desarrollar esa posibilidad a través del equilibrio y la fe. Tampoco pretendo decirles que no vayan a sus Iglesias, ni que cambien su forma de pensar. Significa tal vez añadir una concepción elevada pero también primitiva de comunicación, sin lugar a duda, efectiva y sin filtro.

Recuerden, es la opinión que tengo sobre este tema, a partir de haber encontrado el *"abc de mi vida"*, después del análisis visceral de mi realidad y la creencia de adorar a la omnipotencia que ha sido capaz de crear las cosas hermosas, que todos disfrutamos cada día cuando amanecemos. Recuerda que Dios es la fuerza y la ternura.

Este es mi criterio muy particular, desde las pruebas que he recibido milagrosamente. Usted si desea, puede usar este libro para hacer una comparativa y ver si tiene puntos de coincidencia o si no está de acuerdo conmigo. Tal vez puede reflexionar y hacer cambios importantes en su diario existir, es su opción. Siempre un libro basado en la *vida* y *volvemos a la palabra* *vida*, escrito por una persona que hoy ha superado muchos percances, y que se declara en victoria, creo que debe ser tomado en cuenta para aquellos que tengan problemas existenciales.

Muertos en vida pululan

Este es un tópico muy complicado. Vivir, no ha sido, ni es fácil para mí, aun en victoria. Partiendo de esta premisa, puedo reafirmar mi ardua lucha diaria, por un día más de permanencia entre los vivos, asumiendo una nueva forma de atrapar los minutos con positivismo e incansables ganas de desarrollo constante, importantísimo para los que me siguen en busca de respuestas a sus problemas.

La vida adquiere un valor añadido cuando se ha estado a punto de perderla, cuando el supuesto tiempo limitado, hace que se acorte el tiempo de permanencia con los seres queridos, siendo todo esto un relativismo, pues las circunstancias acotan el momento de una manera inadecuada.

Es sabido que todos debemos morirnos un día, no somos eternos. Pero, por ejemplo, una noticia mal expresada, configura un escenario muy delicado. Comenzamos a sufrir, a ver qué pasará con el día que llega, porque ya alguien nos dijo fríamente que nos vamos a morir, pero tal vez deberían decirnos: "usted tiene una enfermedad terminal, pero tiene que luchar por vivir un tiempo más" y de esa manera, acortamos el sentimiento hacia la muerte.

La muerte siempre está ahí, redundando, porque es de humano morirse, entonces tenga claro que "la muerte es entendida como la irrupción de la vida".

Es el fin del ciclo vital de cualquier ser vivo, ya sean vegetales, animales o humanos. Asuma la definición, hay que tomar en cuenta que el mundo de cualquier persona puede terminar en un segundo, pero además tengo la teoría que no solo por la categoría muerte termina la vida de las personas.

Conocemos algunos, que están con cuerpo sano, pero muertos en vida, porque perdieron toda la iniciativa para disfrutar del paraíso terrenal, viven aisladas en un mundo de mentiras, a veces llenos de dinero, aburridos en su colchón de dólares, sin mirar que afuera cada día sale el sol, que luego anochece y que vuelve amanecer, porque ellos pernoctan sin disfrutar de lo que la naturaleza nos entrega a cada momento para nuestra existencia.

Esa gente vive muerta, aunque corra sangre por sus venas, enajenados con la droga, con todos los vicios posibles y le sumo a todos aquellos envidiosos que pululan, también los depravados y mucho más que ustedes saben. Estamos hablando de *"actores de un mundo en decadencia"*, en desorden, pero vale aclarar, que el mundo está aún en las manos de los que creemos en el *milagro de la vida*, y por eso menciono nuevamente la **vida**. Aún podemos subsanar o malograr el planeta tierra para siempre. Todo está en la

actitud que asumamos, todos somos responsables de lo que ocurra, pues tenemos que ser honestos en las acciones cotidianas.

La moral y conducta del mundo comienza con la sumatoria de todas las conductas individuales que tengamos, que propaguemos, que aconsejamos, sin lugar al temor, ni al rechazo que encontremos en el camino. No es fácil cambiar esta realidad mundial que va en aumento negativamente, pero no nos dejemos vencer.

Hay que seguir luchando hasta el fin, es la única opción que tenemos los que, si estamos en este mundo ofrecido por Dios para vivir, construir, disfrutar. Lánzate y coge las riendas de tu vida, sé interactivo con la sociedad, tu punto de vista cuenta.

Por eso, usted que está leyendo estas líneas, analice, revise su conducta, haga examen de su familia, mire bien su perfil para saber si está entre esos que pululan muertos en vida, o si tal vez, se descubre siendo como yo, positivo y listo para continuar viviendo hasta que Dios quiera, con una misión definida constructiva y basada en la interacción social.

La muerte y yo nos vimos

He sentido la muerte muy de cerca, la primera vez cuando tenía 15 años en 1975, después en el 2013 y en 2015. Impresionante. Inolvidable. Tatuaje grabado en el corazón. Sensaciones inocuas.

La muerte sabe cómo presentarse, cómo transformar una realidad en un ambiente totalmente diferente, a pesar de ser algo cotidiano, hay ciertos casos que conllevan a una parte espiritual muy profunda, que personas como yo, con ciertos dones vemos y hasta olemos.

Los que tenemos la posibilidad de ver elementos anormales que se desdoblan de la espiritualidad, podemos observar los cambios en la materia, el desprendimiento del alma y ese espíritu que por segundos revolotea viendo a ver cuál será su camino. Todo eso lo he vivido, lo he sentido, lo he palpado y por ende en momentos me ha masacrado, porque después no sé cómo desprenderme de esa energía, teniendo por largos meses que pasar por un proceso de

reconstrucción espiritual. Aunque parezca muy fuerte también soy humana, sensible y débil y el no practicar la videncia pues te convierte en un novato en un campo peligroso.

La pérdida de los padres en etapas juveniles es irreparable, ver morir a un padre o una madre cercanamente o sea en tus brazos, es una impresión que jamás se borra de nuestro corazón y de nuestra mente, con ello se va esa sensación de protección que necesitamos cuando somos niños.

En mi caso, las 15 primaveras marcaron la tragedia, después de padecer 8 largos años con cáncer, mi padre entró en coma, y todos siguieron su vida normal porque lo habían traído a la casa. Estaba desahuciado, ya no había nada más que hacer según los doctores. "Era mejor que el viejo estuviera tranquilo en casa y no en el hospital con tantas carencias". Lo increíble es que el pronóstico inicial era de un año, y pasaron ocho hasta que llegó este terrible momento.

Mi padre era un hombre muy bueno, pausado, trabajador, músico de profesión, también arreglaba instrumentos musicales en la casa, allí conocí la constelación de músicos cubanos. Yo era su mayor tesoro.

Volviendo a sus últimos días, mi padre estaba en casa, reposaba en su habitación, en aquella camita para dos personas, donde ya mi madre no dormía para que el estuviera cómodo, pero de todas maneras el pobre viejo estaba en coma por más de dos meses.

Un buen día de junio de 1975, yo estaba sentada a su lado y cogía su mano a ver si despertaba. Según los doctores ya él estaba en el preámbulo de la muerte, pero yo insistía en que tal vez él despertaba y me podía decir algo, me podía abrazar. Era el mes de mis 15 años,

¿cómo pensar que mi padre que era todo para mí no abriera sus ojos para decirme algo?

Muy inocente mi pensamiento, mi padre sí, abrió los ojos y yo dando saltos y gritos, pensé que todo estaba solucionado, que había vuelto a la vida y que ya nada lo alejaría de mí. Que equivocada estaba, aquello realmente era el preámbulo de la muerte, del cual yo desconocía absolutamente todo. Abrió los ojos, se incorporó y yo me senté en la cama para abrazarlo.

Mi padre comenzó a llorar y me hablaba, estaba sonriente me abrazaba muy fuerte. Me dijo muchas cosas que llevo guardadas en el corazón, de cómo tendría que ser mi vida y todo lo que yo tenía que hacer para poder sobrevivir a eso que "ellos" habían hecho conmigo, a la sobreprotección a la que había estado expuesta hasta ese momento.

Yo no entendía nada, solo lo abrazaba y lo abrazaba, con la necesidad de que ese momento nunca terminara. Después de decirme todas las cosas y de pedirme perdón porque yo no tendría fiesta de 15 años, mi padre volvió a su estado inactivo.

Llegaron los últimos estertores y no sabía que era todo aquello, estaba tan triste y ese fue el fin. Luego de grande me informé que esos ruidos respiratorios que se producen al final de la vida, tan intensos, se deben a la acumulación de secreciones en los pulmones.

Después de unos largos 15 minutos mi padre fue declarado muerto. Y yo a su lado también estaba muriendo, porque aquella persona que me había protegido durante toda mi vida se marchaba y mi madre quedaba en total soledad, desposeída, ignorante de una vida que no

conocía.

Teníamos que enfrentarnos a la vida solas, teniendo el carro bellísimo del 1957 en el garaje, pero sin saber conducirlo, sin tener la posibilidad hasta ese día de haber aprendido a coger un autobús público. En fin, demasiadas cosas para solo 15 años.

Hay situaciones como éstas que les cuento, que te abren un vacío que pernocta, no sé hasta cuando, pero que aprendemos a vivir con ese vacío, aunque otros cariños camuflen el dolor.

Vivir de cerca los últimos estertores, el sonido y agitados suspiros saliendo de un cuerpo, el despido de la vida, hasta quedar inerte el ser amado. Eso es inolvidable, llegando a instalar en mi psiquis un preámbulo de la temida fobia a la muerte.

Insisto, nunca nadie me había hablado de que eso podría pasar, tampoco de los minutos de total lucidez que tienen las personas antes de morir.

Esta historia fue aún más allá, porque mi mente ni mis sentimientos entendían qué es lo que estaba pasando, tampoco lo que vendría después.

El momento de la funeraria fue aún más patético y terrible que haberlo visto morir. Era mi primera vez, no podía comprender cómo tanto amor cabía en una caja, me refugié en otro chico de mí misma edad, que también había perdido a su padre ese mismo día y estaba en la misma funeraria. Mi cercanía con el jovencito fue muy mal visto por mis familiares.

Mis labios no daban paso a palabras, mis ojos no tenían lágrimas, y mi corazón latía apresuradamente. Nos quedamos en un rincón de aquella patética funeraria y no sabíamos qué hacer, solo nos habían dicho que esto duraría hasta la mañana.

Llegó mucha gente, muchos lloraron, mi madre estaba en un rincón, y realmente ella no tenía idea de lo que se avecinaba. Había pasado toda su vida *y volvemos con la palabra* **vida** mantenida, sin salir de casa, sin enfrentarse al mundo real.   Era el despertar de su conciencia a un mundo desconocido, ya bastante grande ella para volver a empezar, pero era la única opción.

Por mi parte estuve 15 días sin emitir sonido alguno, con una rebeldía total, y ella la pobre, sentada, leyendo la Biblia. Lo primero fue vender el carro y preguntar al vecino que guagua me llevaría a la fatídica secundaria básica, donde desde siempre fui víctima de un intenso acoso escolar "bullying", porque era una niña bitonga, o sobreprotegida. Hija de padres muy viejos, me decían.

He visto morir dos veces y esa cualidad innata de poder ver espíritus alrededor del moribundo, ha complicado las sensaciones de agonía en esta segunda experiencia. La muerte de mi madre. Ese deceso fue terrible. Viajé de urgencia porque me dijeron que se había puesto mal. Llegué, me adentré en ese mismo cuarto donde despedí a mi padre cuando tenía 15 años, ahí encontré a mi madre moribunda. Su mirada cristalina, muy rara, impregnada ya de un espíritu que se iba o que se la llevaba, situación difícil. Ella me vio y salió por unos segundos del estado inerte, pero con esos ojos cristalinos me dijo: "ya llegaste me puedo ir".

Nuevamente la sorpresa y una ingenuidad que uno siempre tiene, cuando se trata de la muerte, le dije: "mamá estoy aquí, todo va a estar bien, tranquila, de esta, sales", y ella me dijo: "ya me voy". Se quiso sentar en su silla de metal, al lado de la botella del oxígeno. Le pusieron la máscara porque se estaba ahogando. Se puso muy mal, y por un instante sus ojos volvieron a ser sus ojos, y mirándome me tomó de las manos diciendo: "Esto no me gusta hija, no me gusta, ayúdame, ¿qué es esto Paulina? ¿qué es esto, ayúdame? ¡Sácame por favor!"

Yo no supe qué hacer. Pero si pude ver lo que nunca debí haber visto. Vi el aletear de dos fuerzas muy potentes, fuerzas ocultas alrededor de mi madre, una oscura y otra de luz. Estaba mi padre, pero había otra persona que no conocía yo. Una sensación desagradable y hasta con olor. Todo se confundía. Ella gritaba en su ahogo. Una presencia espiritual me desprendió de las manos de mi madre, y caí violentamente contra la pared, luego al suelo. Un peso cayó sobre mi pecho y no me dejó levantar.

Algo realmente surreal, terrible, peligroso, pensé que mi corazón estallaría por la presión. Fui testigo, pero maniatada de una insana situación. Mi madre gritaba angustiada que no se quería marchar y me llamaba por mi nombre. Como en una película, yo no podía levantarme del suelo, aunque hice todo mi mayor esfuerzo. La parte de operación del cáncer de seno me quedó sumamente dolorida por la presión de aquella mano que yo no veía, pero sentía.

Mi madre se desplomó, la acostaron en la cama nuevamente y vino otra vez la pesadilla de los estertores de la muerte. En este caso ocurrió un hecho muy raro con mi madre, pues su rostro se consumió como si fuera una bruja. Se estrujo por completo, algo que no tenía sentido. Una vez más tuve la esperanza de que los estertores pudieran regresar a mi madre, una gran estupidez porque era el fin de la historia y mi subconsciente lo sabía.

Después pude resolver todo como ella quería, en un país lleno de problemas, para acelerar la tarea de incineración tuve que pagar muy bien. Sus cenizas la llevé yo personalmente al mar y las deposité como ella quería.

Conocer la realidad del momento en que se vive ayuda a
ser feliz.

Pasamos de la muerte y de mis experiencias, al conocimiento de la
realidad circundante, o sea **nuestra vida.**

Es primordial que el ser humano conozca la realidad actual en que
vive, la realidad del momento pasado y la posible realidad del futuro
que le espera, según las características del presente, no todo está
predeterminado. Su actitud activará los motores de la existencia
personificando, siendo usted el arquitecto de su destino.

Toda realidad puede ser modificada, el pensamiento positivo juega
un rol preponderante, así como los sentimientos de angustia, dolor,
ira, insatisfacción y victimización influyen también en nuestras
acciones futuras, porque son pensamientos que impactan de manera
negativa en nuestra concepción de la vida.

En este tema considero que lo más preocupante es que esos

pensamientos pueden determinar nuestra actitud, transformándola en conformismo e inercia dentro de *"esa realidad que nos ha tocado vivir"*.

Esos términos son los que pueden conformar una evolución hacia un pensamiento más equilibrado, a una conducta que ayudará a mejorar tu actitud y satisfacción ante la vida. No podemos vivir ajenos a estos elementos significativos.

Hay que tomar muy en serio el proceso de asimilación e interpretación de lo que nos ocurre todos los días, que se traducirán en el enfoque que le damos a nuestra vida, ese enfoque, debe recoger las enseñanzas de las experiencias negativas, como un proceso de autoaprendizaje, para no cometer los mismos errores nuevamente y debe recoger, ***sobre todo***, las satisfacciones de las vivencias positivas.

Usted es el dueño de su camino, pero para ello, debe transitarlo con su manual de posibilidades y expectativas.

Tenemos que saber conscientemente ¿dónde estamos parados y por qué? sea una etapa próspera o de dificultad, sea un momento de pocas emociones o de dolores profundos.

Hay que palpar las peculiaridades del momento para poder darles una respuesta individual a cada circunstancia. El complementar acápite tras acápite devengará un análisis intrínseco que le permitirá conocer los elementos que provocaron la base de la "realidad" en cuestión.

No podemos ir por la vida como si estuviéramos muertos, sin haber vivido cada instante que el destino nos pone delante transformado

por nuestra experiencia, cada segundo, cada respiro es único e irrepetible.

Hay que disfrutar la fuerza universal de la vida. Vivir simplemente en armonía, llenarnos de ese poder maravilloso que está a nuestro alcance y que muchos ni lo sienten, por ende, no lo reconocen. Estar conscientes de cada paso, la vida está llena de posibilidades, usted debe elegir la suya y es probable que encuentre la satisfacción . También puede equivocarse y retomar otra alternativa, es parte del proceso humano. A veces me preguntan: *¿cómo puedes hacer tantas cosas al mismo tiempo?, ¿cómo puedes tener tanta energía? si yo con una de las tantas cosas que tú haces cada día, ya estoy cansado, sólo de verte.*

Las respuestas a estas preguntas son muy sencillas. Primero, mi posición ante la vida, los principios que empleo a diario, literalmente: compasión, ternura, amor, misericordia, bondad, gentileza o benevolencia. Nada más. No es que yo hago desmesuradamente mil cosas al mismo tiempo, no. Tengo un tiempo elegido para desarrollar cada proyecto, una distribución que me permite que el día, mis horas, sean plenas y satisfechas.

Por ejemplo, ayudar a los demás aumenta *mi satisfacción con la vida*, proporciona un sentido de significado, mejora mi estado de ánimo y reduce el estrés.

Yo personalmente he comprobado que regalar un poco del tiempo libre para hacer voluntariado, también ha aumentado mi percepción de bienestar y es algo realmente maravilloso. Ver las caras de los que están recibiendo las donaciones es algo maravilloso.

Enseñar a nuestros hijos las necesidades de los menos afortunados, también nos ayuda a crecer, a ser mejores padres. No siempre se tiene todo y hay personas pasando penurias en este mundo. Muchas veces en el seno del hogar nos quejamos porque falta algún capricho, pero si nos detenemos y miramos alrededor constatamos que somos ricos.

El equilibrio y la carcajada inocua

A veces nos pasamos la vida riéndonos a carcajadas sin que la razón justifique el sentido, (no me refiero a la risoterapia), me refiero a ciertos momentos sociales dispersos, donde perdemos el tiempo riéndonos con quienes no son recíprocos a nuestra sonrisa con sinceridad, y queda la supuesta sonrisa como una mueca insípida sin gozo. Por otro lado, realmente la risa no sustituye la necesidad que puedas tener de realizar cambios en tus creencias y hábitos personales que ya no te sean *beneficiosos para tu vida,* pero si se usa adecuadamente puede ayudar bastante. Ahora sí me refiero a la risoterapia. Además, la risa disminuye la segregación de cortisol, que es conocida como la «hormona del estrés», de tu organismo.

Intento mantener un equilibrio que me permite vivir sin esa carcajada inocua que repetimos algunas veces estrepitosamente, pero esa carcajada es corta, yo ahorita prefiero asumir una sonrisa más tenue pero que dure cada día, también hago uso de la teoría de

la "sonrisa interior".

Sonreír se contrapone al estrés, los órganos segregan una sustancia que alimenta todo el cuerpo, mientras que las emociones como el miedo y la rabia crean toxinas que bloquean el paso de la energía, afectando la salud de los órganos y el cuerpo en general. La sonrisa Interior es dirigida a todas las partes del cuerpo, incluyendo los órganos, glándulas y músculos, así como el sistema nervioso.

No ha sido fácil, de ninguna manera. Esos inicios de transformación no fueron fáciles, en el día de hoy puedo decir que he avanzado en el pensamiento, porque siempre trabajo mi interior y mi equilibrio. Cada vez que puedo mantener un equilibrio entre lo positivo y lo negativo, viéndolo en las acciones que muchos me hacen a mi persona o a otros, es como que voy escribiendo en el camino y marcando en amarillo para poder cumplimentar aún más posibilidades paralelas en el proceso de la creación.

La propia angustia que podemos llegar a sentir en un momento dado es parte del proceso de la felicidad, uno se angustia porque está tratando de lograr un objetivo, pero cuando está luchando por ese objetivo, uno es capaz de decir lo voy a lograr, voy a llegar hasta el final, y usted va a ver que el resultado es el que soñó. Usted verá que el resultado es lo que necesitaba tener y ese resultado es el que lo impulsa empezar otra gama de proyectos bien específicos, o sea que usted sepa hacia dónde va de la A a la Z su proyecto.

Para pensar en la felicidad debemos entender primeramente qué te hace feliz. Conocer cuáles son tus necesidades, tus aspiraciones, tus deseos y buscar el camino que te lleve a encontrarla. Buscando en ese camino es que vas a encontrar tu felicidad. Una vez que la tengas,

detente y disfrútala a plenitud. Aprende a disfrutar tus logros. De esta manera, sentirás la felicidad. Luego puedes seguir cumplimentando necesidades.

Es importante que tengas bien claros cuáles son tus objetivos.

Esa es la base del camino a recorrer, tener ideas claras. Qué es realmente lo que deseas hacer.

El segundo paso para ser feliz es hacer lo que realmente deseas. No importa si tu proyección es poco convencional, pero si es lo que quieres debes hacerlo, inténtalo. Tu felicidad es única.

La felicidad no es lo mismo para todos. Piensa esto, no hay dos sujetos igualmente felices. Lo que me hace feliz a mí, a ti no te representa felicidad.

Entendamos qué es Supervivencia:

La supervivencia es la acción y efecto de sobrevivir. Se utiliza sobre todo para vivir con escasos medios o en condiciones adversas. Procede del latín "supervīvens, -entis," que sobrevive, es la acción y efecto de sobrevivir. Este término, por su parte, hace referencia a vivir después de un determinado suceso, vivir tras la muerte de otra persona o vivir en condiciones adversas y sin medios.

El superviviente o sobreviviente es la persona que logra mantener la vida en situaciones extremas que podrían causarle la muerte. En el mundo actual, somos muchos sobreviviendo a la nueva manera de acatar la vida, debido a los grandes cambios tecnológicos que han modificado los estándares cotidianos de convivencia.

La ley de la inercia está unida al instinto de supervivencia. Esta ley afirma que: "Todo cuerpo tiende a mantener su estado inicial (reposo o movimiento) a menos que se le aplique una fuerza

"externa". Eso implica que debemos actuar y cambiar la realidad circundante, pues por sí solo no se dará el cambio. Significa que debemos luchar por instruirnos y sumarnos al nuevo mundo y sus condiciones imparables, pero también debemos tener claro que muchos nos tocan sobrevivir día a día por razones de enfermedad, de incomprensión y económicas.

Voy a hablar de un tema preocupante, ¿quién se pone en la piel de un anciano abandonado por su familia? Este tema es escabroso por su latente protagonismo en la era actual. No es la culpa de ellos, los ancianos, que, ya siendo una persona adulta mayor, ya no posean una vida laboral útil y comiencen a generar gastos en la familia.

Qué pena, que vergüenza, lo que muchos hacen, dejar en un rincón a ese ser que te dio la vida y que comienza con su ancianidad, un proceso de reducción de su núcleo social y la interacción con los demás, provocando cuadros depresivos y aislamiento. Después sarcásticamente los lloran el día de la muerte. Hipocresía.

No sería mejor ayudarlos a sobrevivir la última etapa de sus vidas. Que sientan de vuelta todo aquel amor que nos dieron cuando éramos pequeños, adolescentes y que aún profesan. Pues no, es más fácil deshacerse del problema, sin tomar en cuenta que debajo de la piel arrugada, del cuerpo reducido por la osteoporosis se encuentra un corazón latente, que detrás de la catarata, los ojos siguen viéndonos con amor.

Tenemos que tomar conciencia de este lamentable hecho que inunda la vida moderna y que da terror cuando ya nos acercamos a la edad pasando los 60. Yo tengo mi opinión al respecto y considero que es necesario empoderar a los mayores, dándoles una vejez activa y de

calidad, también ofrecer soluciones para superar el obstáculo de la soledad, ese es el más arrasador, para ello la creación de nuevos servicios, nuevos modelos de consumo, nuevas plataformas de integración.

Supervivencia espiritual.

La vida está llena de pruebas y dificultades de toda índole, a veces demasiado duras de vencer o aceptar. Probablemente cada uno de nosotros ha tenido momentos en los que la aflicción, la angustia y el desaliento nos han consumido tocando fondo. Momentos inolvidables que pueden recordarse hasta con olor peculiar, con desajuste en el estómago y en nuestra mirada. Momento de crisis total.

Es muy importante que siempre tomen en cuenta las necesidades esenciales para la supervivencia espiritual, sin embargo, muchos no son conscientes de lo que constituyen los fundamentos de su vida espiritual, y algunos seres, ni siquiera saben que tienen una vida espiritual.

El no reconocer la vida espiritual es negativo. Es un dilema el desconocimiento e ignorancia del punto.

La vida espiritual también tiene necesidades esenciales, sin las cuales no podría existir o continuar existiendo. La fe es según mi criterio la primera manifestación espiritual. La fe en Dios es la respuesta correcta.

Volvemos al mismo punto, yo tengo fe absoluta y por eso tengo una vida espiritual amplia, poderosa y desde mi ángulo escribo este libro, en mis bases es muy importante la relación con el ALTÍSIMO.

En los peores momentos o situaciones siempre estado a mi lado, también debo decir que viví muchos años en el alejamiento y en la ignorancia de la fe.

No pertenezco ni voy a ninguna iglesia, pero creo en el poder divino, creo en un único Dios que mueve el universo.

La lucha contra las fuerzas del mal o la envidia.

En la lucha contra las fuerzas del mal y/o la envidia, hay que buscar el lado positivo que tiene esta situación, por ejemplo, si iniciamos un "proyecto" y lo comentamos con otra persona, de ahí surge la posibilidad de ataques silenciosos e intentos para desarticular el proceso creativo, lo terrible es que copian con exactitud lo que usted dijo, o pretendió hacer, para replicarlo con exactitud. Cuando eso ocurre, usted se enoja, se frustra, pero tiene la posibilidad del análisis y de encontrar aristas positivas dentro de esa negatividad inicial.

¿Dónde está lo positivo?

Es válido que otros copien lo que usted hace, porque eso significa que su modelo, su forma de conducirse por la vida es aceptada por el resto, aunque a veces nos sentimos traicionados por esas personas, supuestamente amigos.

Estamos hablando de dos cosas totalmente diferentes, una es esa rabia inicial que sentimos porque nos han robado nuestra idea, y otra cosa es la sensación que después sentiremos cuando vemos lo positivo de nuestro proyecto que muchos otros copian porque creen que es un modelo para seguir.

Cuando estas situaciones ocurren, usted como ser pensante desarrollado y avanzado en un pensamiento positivo, no debe enojarse, al contrario, usted debe dar una bendición a que esto está ocurriendo, por qué significa nuevamente, repito, que su ***pensamiento de vida*** y de desarrollo intelectual en función de la comunidad es exitoso.

Sé que es difícil llegar a este pensamiento, más cuando nos hemos desgastado en función de un proyecto, nos sentimos robados, engañados por aquellos que fueron nuestros amigos o colaboradores.

Lo primero que nos llega a nuestro cerebro es la falta de imaginación de esas personas y hasta la palabra mediocridad. Estamos en lo cierto. La mediocridad y la falta de imaginación, sumado al deseo de triunfar, lleva a muchas personas al robo intelectual y muchísimas otras cosas inaceptables.

Copiar significa además que el copión tiene ideas que no son lo suficientemente desarrolladas como para hacerlo con luz propia y entonces va buscando en el contexto universal, diferentes pensamientos o modos de ver la vida y otras actividades que otros hacen para convertirlas en suyas en pro de su éxito personal.

Pudiera llamarse en el argot popular "los envidiosos", ellos pueden copiar sus proyectos, su forma de vestir y muchas veces hasta repetir sus propias palabras, ya tomadas por ellos en su boca. Muchos se enojan por esto, pero repito por tercera vez, que el enojo no es válido, al contrario, hay que decir: **bendito seas Señor,** que esta persona está copiando un ejemplo positivo para su vida.

La base para un pensamiento y una vida de éxito.

Hay quienes piensan que ser exitoso es tener millones de dólares y vivir una vida de lujos y encantos. A todos nos gustaría vivirlo, sentirlo y porque no, tener dinero.

 El mundo se ha convertido en una máquina que necesita comer mucho dinero y cuando no existe el dinero, viene la otra parte unida al pensamiento. Necesariamente el dinero no hace el buen pensamiento, ni el buen pensamiento está unido necesariamente a mucho dinero. La historia de la humanidad ha demostrado que grandes mentes con grandes pensamientos han muerto en el anonimato y en la pobreza, pero eso sí, han dejado su legado para que el resto de la humanidad lo disfrute, de sus grandes fórmulas, de sus grandes descubrimientos, de sus grandes obras pictóricas etcétera.

Vamos a hablar del hombre, cuando digo hombre me refiero al hombre y mujer, vamos a hablar de las personas que nos circundan cada día. Vamos a poner como ejemplo el fenómeno redes sociales, donde la cantidad de personas de a pie como le llamó, *(no es que no tengan carro)*, sino, lo llamo de a pie, porque no son ricos, tratan de lucir muchas veces lo que no son y en este problema existe el desdoblamiento del pensamiento.

Cada día hablo con muchos que viven escondidos detrás de las redes sociales, enseñando un mundo que no tienen realmente, un mundo que no va paralelo a su pensamiento, pudiéramos tal vez aseverar que estaría cerca a eso que ilusoriamente creen que puede ser su pensamiento, pero no a su modo de vida monetario. Estos elementos crean una escama social irreal. Hace poco vi a una persona que dice ser muy bien acomodada, que disfruta de viajes continuos al extranjero, que tiene un marido millonario, carro de del año, etcétera y la encontré a las afueras de un parque del gobierno, un parque de agua, vendiendo refrescos. Sus ojos se frustraron cuando me vio, porque no era esa la imagen que ella vendía hacia mi persona, de cuál era su maravillosa vida llena de comodidades y no bajo el sol vendiendo refrescos.

Lo interesante, es que, para mí en particular, tiene muchísimo valor una persona que lucha el dinero para para su familia vendiendo refrescos y sudando gota a gota el diario vivir, porque esa persona primeramente está asimilando y luchando por mejorar **su vida y la vida** es ésta señores, el día de hoy, y eso fue lo que ella pudo hacer, tal vez para comprarle los antojos a su hija.

La otra parte de la moneda es lo mal que se debe sentir tratando de demostrar al mundo una imagen que realmente no tiene, porque entre el cielo y la tierra no hay nada oculto, siempre todo se descubre y eso es triste, porque demuestra que nuestro pensamiento no va enfocado en el camino correcto.

Es importantísimo concientizarse de que hay que vivir la vida y alcanzar todo lo que podamos en el día a día y en ese método, en ese equilibrio poder lograr las cosas para realmente crecer y ser mejores.

Hay que crear un modo de vida, un pensamiento y usted se dice "yo quiero ser un gran profesionista" y usted va a la escuela, o es autodidacta, como usted crea, para lograr su objetivo. Pero eso no significa que en ese pensamiento usted se engaña a sí mismo, demostrando algo que no tiene, ¿comprenden?, simplemente es el hecho de la proyección, usted quiere ser un profesionista, usted quiere ser esto, usted quiere hacerlo, usted está luchando, es válido que el mundo conozca todo lo que usted está luchando para poder usted llegar a ese final feliz de la supuesta historia, y digo supuesta historia, porque soy de las personas que considera que cada día de un ser humano es un día de lujo, un día irrepetible, un día donde esa persona es la más famosa de la tierra, porque es el día en que usted está respirando.

Es el día en que esos minutos ya no volverán, es el día en que esa sonrisa que usted tuvo mañana será distinta o tal vez no la tenía, esa sonrisa que usted tuvo hoy tal vez mañana está envuelta en angustia, ese pensamiento de hoy mañana podrá hacer otro, o sea, significa

con esto de que el día de hoy es único e irrepetible y esa es la única forma en que usted podrá hacer un cambio en su vida.

Si usted lo asimila como tal, si usted está sentado aquí, está disfrutando de cada ápice que tienen esta naturaleza, de todas esas cosas hermosas que el gran creador ha puesto en este mundo para que nosotros vivamos complacidos de una naturaleza hermosa, que estamos destruyendo ver cada día cómo amanece cómo anochece como el árbol crece como el árbol pierde sus hojas como los pajaritos vuelan como los las lagartijas están a nuestro alrededor y nos miran y siguen su camino como las flores nacen brotan de muchos hermosos colores eso todo lo hace nuestro Dios lo hace nuestro Dios para que lo disfrutemos cada día y muchas personas no lo ven muchas personas están sumidos en un materialismo que no lleva a nada hay muchas personas que no son capaces de ver el amanecer y de ver todas estas cosas hermosas que cada día existen para nosotros, somos un milagro de la creación estamos en este mundo con muchas perspectivas, pero también para cumplir muchas metas y muchas cosas que no se están cumpliendo.

la pobreza inunda parte de este mundo los niños mueren y nadie se preocupa de esto los países africanos pasan por las peores de las crisis durante toda la historia de la humanidad y no pasa nada los grandes poderosos de este mundo derrochan el dinero en causas que no tienen mayor importancia o que no son tan importantes como la vida del ser humano por eso es tan importante vuelvo y repito el pensamiento y lo que llevemos en nuestra mente y el equilibrio que logremos en nuestra vida porque cada persona puede cambiar la humanidad muchas personas juntas pueden cambiar la humanidad.

La depresión y la supervivencia

Superar el miedo a la muerte

El estrés en los sobrevivientes del cáncer u otra enfermedad es muy difícil, a veces irrumpe en las vidas para alojarse y decidir cómo vivir la nueva realidad, también personas sanas tienen mucho miedo a la muerte.

Cuando te diagnosticaron una enfermedad que puede ser terminal o no, es posible que te hayas centrado completamente en el tratamiento y en la recuperación de la salud. Ahora que ya completaste el tratamiento, o que sigues en ellos, pero ya "bajo control", todos los proyectos de la casa y las cosas en la lista de quehaceres compiten por tu atención. Esto puede hacer que te sientas estresado y abrumado, pues tu cuerpo no está igual que antes del acontecimiento médico.

También las personas que conviven con nosotros muchas veces no entienden el desgaste que dejó el proceso de la enfermedad y su recuperación. Creen que todo sigue igual y están muy equivocados. Al término resulta, que, en el mejor de los casos, nos sentimos muy decaídos, desorientados y hasta nos da vergüenza decir que nos sentimos así, pero es la realidad. Lo único que podemos hacer es sobreponernos y esperar que podamos retomar el camino.

Muchos sobrevivientes deben vivir con cambios en su anatomía, me refiero mutilaciones de los senos, también bolsas con catéteres que cuelgan del estómago, drenajes directamente desde los pulmones, otros deben someterse a procesos de diálisis semanal, y muchísimas otras cosas. Es bien difícil, lo recalco. No todos los seres humanos nacen y se forman pensando poder vivir un episodio de esta categoría, pero sí estoy segura, que pueden sobrevivir, dándose cuenta de la nueva oportunidad, ya que **no** todos los que sufren este tipo de enfermedades permanecen con vida. Si tomamos este concepto como principio de aprendizaje para lo que vendrá, vamos ganando.

Hay que pasar por encima a los sentimientos persistentes de tristeza y enojo que pueden interferir en la vida cotidiana. En muchas personas, estos sentimientos se disiparon, pero en otras, pueden convertirse en depresión.

Habla con tu médico sobre estos sentimientos. Si es necesario, te pueden derivar a alguien que pueda ayudarte a través de terapia conversacional, medicamentos, o ambas cosas.

El diagnóstico temprano y el tratamiento inmediato son fundamentales para superar con éxito la depresión.

A veces, cambio la forma en que les hablo en este libro, porque soy también, protagonista de la historia, y me uno junto a ustedes porque es una verdad innegable, como he llegado a sentirme en todo este tiempo de tratamiento, de vencimiento y de supervivencia.

No sientas que debes hacer todo de una vez. Tómate el tiempo para ti, a medida que te estableces en una nueva rutina diaria.

Intenta ejercitarte, hablar con otros sobrevivientes y realiza actividades que disfrutes.

Si la cirugía u otros tratamientos cambiaron tu aspecto como ya dije anteriormente, es posible que te sientas avergonzado de tu cuerpo. Los cambios en el color de la piel, el aumento o la pérdida de peso, la pérdida de una extremidad, podrían hacer que sientas ganas de quedarte en tu casa, alejado de otras personas. Es posible que te alejes de tus amigos y familiares. Además, la inseguridad puede tensar la relación con tu pareja si no te sientes merecedor de amor o afecto.

Asúmelo. Pero también aprende a enfocarte en las maneras en que la enfermedad te ha convertido, en una persona más fuerte, y comprende que eres más que las cicatrices que te dejó. Cuando te sientes más seguro de tu aspecto, los demás se sienten más cómodos cuando están contigo.

Lo más importante es que hay que aprender a vivir con las nuevas condiciones, con la frente en alto y sin complejos bajo ningún concepto.

Digo más, si alrededor encontramos quien no quiera sumarse a nuestro nuevo momento, debemos pensar en alejar a esa persona del camino.

Recuerda lo hermoso que es la vida, la bendición que resulta que nuestro corazón lata cada momento, dónde eres un ser único e irrepetible. Hazte un análisis y valóralo.

La constancia, el ser humano y el liderazgo

Hablaré un poco de la constancia, es importantísimo, pues de ella deriva la perseverancia, el vencimiento, la superación. El esfuerzo sostenido que fortalece la voluntad, que es a su vez un *elemento imprescindible en la vida del hombre y su desarrollo.* La constancia se convierte en motivación de inspiración para seguir adelante, superar las dificultades y conducir a la perseverancia. Es ahí el momento en que usted crea un abanico de posibilidades alrededor de su *Proyecto de vida.*

En mi caso, cuando comienzo un proyecto y se hace público, es porque ese proyecto ha sido analizado con sus pros y sus contras, por lo cual yo, de antemano sé que va a dar, o que no va a dar ese proyecto, y si considero que no va a tener el resultado adecuado no es iniciado, pues el tiempo es oro y no debe desperdiciarse. Cuando

vemos un líder reconocemos, *una persona, un proyecto definido y elaborado*, por el cual todas las demás personas pueden seguirlo. Si la figura pública expresa un discurso cambiante, temeroso, inseguro, sin credibilidad, no habrá muchos seguidores, porque las personas no siguen tendencias impregnadas de desequilibrio en el pensamiento.

Queremos ver muchas características en las personas y por ende en sus líderes, para poder creer en ellos: honestidad, transparencia, carisma, capacidad de organización, minuciosidad, justicia, lealtad, fiabilidad, respeto a la gente, capacidad de escuchar y de comunicar y muchas más. Todos podemos ser líderes de la comunidad, de la familia si tiene un plan que justifique sus intenciones. Para crear un liderazgo y para poder concientizar al resto de la humanidad de lo importante que puede ser nuestra instancia, todos los puntos tienen que ser analizados y desglosados, él por qué usted cree fehacientemente que esto que usted quiere hacer es una realidad, el pensamiento nos nutre y enseña las partes más incompletas o verificables que pudiéramos tener en ese proyecto.

Nada es imposible, te lo digo yo...

De eso estoy segura, nada es imposible porque la fe mueve montañas, hay que mirarnos a sí mismos, para poder ver dónde está la falla, dónde está todo ese pensamiento negativo que infundamos , que nos hace la vida imposible, nos limita las acciones, la forma de alcanzar lo positivo y lo próspero.

Todo se puede hacer realidad, mientras nosotros así lo pensemos, mientras tengas ilusiones y fe, aunque el camino sea arduo, hay que ir con valentía venciendo etapas. Cada instante vencido, demuestra que nada es imposible en un mundo lleno de irregularidades.

Si usted se pasa la vida pensando mal, añadiendo a su dolencia aún más dolores, con lo que arroja el tener un pensamiento inadecuado y desequilibrado, usted nunca llegará a ningún sitio porque no podrá avanzar. Los pensamientos pueden detenerte y no dejar volar tus

aspiraciones y deseos. Piensa en esto. Tú eres el dueño de tus aspiraciones y de hacer todo lo posible por lograrlas. Luchar por tu sueño significa mucho esfuerzo, mucha dedicación y pasión.

Nuestra vida se escapa mientras pensamos que podríamos hacer en vez de hacerlo. Lo mejor es HACER, en el camino podemos ir moldeando los acontecimientos, pero ya es camino vivido. Eso que usted disfruto, lloro, sudo y demás, ya es parte de la historia de su vida actual y es irrepetible.

Para entender mi abc
En mi vida existe un plan con diferentes aristas.

Cada día tengo que organizar, programar, dirigir todas y cada una de mis energías hacia proyectos a los cuales le veo el final antes de haberlos comenzado. En el amor a mi familia, la educación de mi hija, el acercamiento más continuo con mis nietos, en ver cómo y cuándo hago una acción para apoyar a los que me necesitan a través de mi Fundación Sobrevivirás.

Sacó el máximo del tiempo para seguir disfrutando como sobreviviente este *"round* extra" que extiende mis posibilidades para seguir amando, creando, luchando por un mundo mejor.

Después que he vivido la experiencia del cáncer, muchas cosas cambiaron, queda uno relegado, pasando por diferentes etapas que van desde depresión, temores, metas que yo me propongo para continuar y esas metas son las que soy capaz de cumplir yo sola, cuando digo yo sola, es que las puedo hacer con mi intelecto, el gozo de mi espíritu y las puedo desarrollar extensivamente con el apoyo de la comunidad que me sigue en este momento histórico *de mi vida.*

Para llegar a las metas encuentro todo tipo de obstáculos, a veces hasta crueles, deslealtades, traiciones, pero aprendí que, si se utiliza la rabia, furia, decepción, cada vez que hay un problema, estaría fracasando antes de empezar. Por eso hay que estar centrado y utilizar las herramientas, repito nuevamente; *compasión, ternura, amor, misericordia, bondad, gentileza o benevolencia.* Esas son las más potentes armas con las que una persona como yo, triunfa en esta vida.

Espero en Dios que también ustedes las pongan en práctica en cada uno de los momentos de su cotidianidad y verán como todo cambia, como comienzan a sentir la paz interna y serán capaces de cambiar su entorno además de sus vibras.

Soy una persona como todas que tiene un cuerpo, también me canso físicamente, pero mi espíritu y mi alma permanecen con entusiasmo en las metas que están fluyendo y caminando paralelamente hacia un feliz final.

Hay muchos que me escriben quejándose, me dicen que su alma está cansada de tantas derrotas y tristezas, de tratar de alcanzar el triunfo y no lograrlo, de haber sido abandonado y no reponerse de la pérdida y es cierto, el alma también se cansa, y eso si es triste. Y la causa principal no es otra que el alejamiento de nosotros mismos que se convierte en una **urgencia de la vida.** Cuando lo que se ha

cansado es la ilusión, los sueños, las ganas de vivir, las ganas de amar e incluso las de ser amado, se saltan todas nuestras alarmas reconociéndose el cansancio existencial, pero está en nosotros poner atención a los síntomas para poder curarnos y lograr restablecer el equilibrio. El cansancio del alma es muy delicado, pero es reversible, hay que trabajar muy duro en ello. Cuando reconocemos esta dolencia y le prestamos la atención que nos requiere y se merece, pues estamos delante de una situación que puede enfermar también el cuerpo, hay que parar, meditar, conversar con el creador y encontrar las respuestas que nos dicta la intuición. Recuerda que cuando estás abajo muy pocos se acordarán de ti y tú tendrás que renacer apelando al instinto de *la supervivencia*. Esta forma de pensar es lo que alimenta todas mis ganas de seguir y mi espíritu se enriquece cada día que yo logró dar un paso hacia delante en un proyecto o en mi *vida cotidiana*.

No hay ningún secreto o fórmula de otro mundo. Soy una sierva de Dios, estoy viva por él. Tengo una segunda oportunidad que no sé hasta cuando dure, debo hacer y hacer, realizar todos mis sueños (que se basan en destacar los talentos y apoyo a los menos afortunados que me circundan), por eso, mis múltiples actividades, las campañas altamente altruistas. No debo desviar mi camino, sino dar amor al prójimo hasta el último respiro.

¿Y tú? que haces...?

Te lo dejo de tarea.

Contenidos